바다 악사

바다 악사

박정애 시집

여름 바람이 일정하겠는가
가는 대로 배를 맡겨두어라

— 윤선도, 「어부사시사」 중

차례

제1부

제2부

제3부

제4부

제1부

바다 악사

악기는 만들어지는 게 아니라 태어나는 것
외줄기 금선을 건 수평선은 청동현악기
녹슨 해금현침에 닿은 바람의 활이 아니면
저런 원음의 억양을 어떻게 표현하겠느냐
바늘 없는 낚싯대로 창공을 건져 올리는 술대
샛바람 태질로
심장박동 음역권 안에서 더 싱싱해지는
경위를 서술하는 동사의 모든 것들이
현弦인 듯하다 정황상

먼저 온 파도는 누군가를 소리쳐 불러 세웠고
다음 파도는 호명된 사람을 데려갔다
하늘 끝닿은 그 너머로 가서 돌아오지 않는 사람들
밤하늘 별로 떠올라 풀벌레처럼 울었다
바다는 바다가 되기 위해 바다를 버렸다지만
생몰연대를 알 수 없는 영원이란 말로
도대체 언제 태어난 것인지

바람의 난장질이야 데일만큼 덴
갯바위까지 파상풍을 앓는데 하물며
오선지 없는 무한지속 노래는 청옥처럼 푸르기만 해
새파란 나이만 먹고 살았다는
수천수만 갈아엎은 쟁깃날이 하얘졌다

진동의 울림통이거나 소리의 근원이 어디건
한마음 한뜻이면 젖은 북이다 매우 쳐라,
제 몸의 현을 쳐 소리를 내는 청동의 몸
불같은 화를 내기도 하는
전체이면서 하나인 각자도생 원음의 피아노
가장 낮은 음계에서 가장 높은음까지
푸른 발음기의 오랜
율律

삼달리 해녀 삼대三代

1.

엄마는 삼대물질에도 물 끝이 보이지 않는
칠보 청동바다를 물려주었다
평생을 파먹고도 남을 화수분 바다 한 채를
질긴 광목 한 필로 썩둑썩둑 잘라주었다

두렁박이 있는 곳이면 엄마가 있는 곳
눈 화살 꽂고 바라보면 바다에서 솟아오른 엄마는
호오 잇, 외마디 질러놓고 본숭만숭 이내
물에 들던 그 어머니 그 딸이 자라
바다의 여자가 되었다

일고여덟 살 물장구 헤엄치기로
제 몫을 다하는 일등해녀가 되기까지
아무리 여자팔자 뒤웅박팔자라지만
물려받은 두렁박 껴안고
만삭의 몸에도 삼동 물속을 들었던
어머니의 어머니도 태왁 하나

달처럼 안고 살았다
달을 안고 살았다

2.
흰 홑적삼 검정물 소중이가 무명배옷이라
차디찬 겨울바다에 알몸이나 진배없어
식은 한뎃밥 한 덩이 먹자고 바람벽에 의지하고
바위틈 불턱에 앉으면 장작불 매운 연기에
울지 않아도 눈물이 났고
젖어서 언 몸이 오죽했으면
언 살이 불에 데어도 몰랐다는

살다보면 어쩔 수 없는 울화도
곤두물질에 들면 바다가 달래고 씻어주어
물속에선 다 잊어버리고
죽어도 못 살 것 같은
살아도 못 살 것 같은
꽉 다문 입심 하나로 살았다는

3.

손목에 감아쥔 빗창이 전복한테 물리거나
돌 틈에 끼면 순식간에 요절하는 생,
물질이 없는 날은 밭일을 하고
밤에는 바느질로 자식들 키워내자면
고래등 같은 파도가 덮쳐도
산중 호랑이도 무서울 것 없었다는

염천 땡볕 아래 콩밭을 걸타고 앉아
호미질로 지심을 잡고
엄동 눈밭에 얼음을 깨고 빨래하던
층층시하 효부효녀 열녀
조선의 여인이 아니면 못해낼
거친 물살을 안고 살아낸 해녀인생 칠팔십,
잠결에도 놀던 물이 좋아서
차마 손 놓지 못한다는
그 오랜 물질

>

잔정 많은 파도에 물때까지 좋은 날은
가슴이 설레어 끼니때를 건너도 좋았다는
갯바람 푸른 물가에 우산 하나 펼쳐놓고
젖은 옷 갈아입던
그날의 해녀

근 한생 물질로 칠부 능선을 넘어온 지금
어촌계마다 육간대청 부럽지 않은
해녀집에서 더운 물 샤워에 꽃단장하는데
불쑥 호명되는 핸드폰 벨소리
오늘은 이승저승 모두가 무사했다

해녀학교

해녀학교 수업은 푸른 바다가 칠판,
흰 백묵으로 쓰되
평전사초는 푸른 잉크로 썼다

교재는 잠수복 태왁 망사리 호미 빗창, 폐식잠수를 수련연마하는 것인 즉, 생의 이력만큼 두툼해진 허리에 연철 두르고 물안경 머리 위로 밀어 올리면 왕관이 따로 없는
바다의 여왕이시라

구중궁궐 궁중법도 유가법도 규방내훈 내방가사보다 더 엄격한 육하원칙 바다구문을 해독한 학교장부터 단임 교사는 삼대 물질의 고수, 물가에 신발을 벗고 헤엄을 쳐 출근하고 헤엄쳐 퇴근하는 현역

물질로 면허전문직인 자영업자
담보물은 달랑 몸 하나로
매순간 구절양장 목숨 거는 일,

>

바다가 경영하는 무궁무진한 생의 비밀창고를 엿보거나 비밀번호 없는 대여금고 무산증자 그걸 누리자면 바람의 의도와 바람의 언어로 물때와 바다를 읽고 써야 최고과정을 거치고서야
비로소 입문하는

사흘밤낮 고래뱃속을 헤매다 온 요나보다 더 큰 사해를 하루 수십 번 드나든 선지자, 외마디 수평을 긋고 이승과 저승 경계를 살아낸 이력을 아로새긴
몸이 경전이거나 신전神殿이거나

쪽에서 뽑아낸 푸른 물감이 쪽보다 더 푸른 바다학문을 신으로 섬기듯
자기를 섬겨 공경하는 일에 매진하였다

바다 변주곡變奏曲

수밀도 껍질을 벗기는 여포창날 같은 파도
언제 어디서부터 달려왔을까
하얗게 핀 은파의 폐활량으로
꽃차례로 일어서는 청옥靑玉의 물너울
백옥白玉의 은초사 깨끼저고리
겨드랑 속살같이도 흰 물보라
칠색 무지개가 어리비쳤다

천뢰 지뢰 해뢰는 천지의 원음,
나침반 없어도 순풍이 밀어주는 항로 따라
흔들림으로 가지런한 스텝을 밟고
물살을 베고 잠들면 하얗게 씻긴 백골이
갯바람 끝에 구름같이 흩어졌다

지구와 달 사이 만유인력 원심력으로
턱 아래까지 차오른 대조기
아침의 설렘과 활기찬 한낮의 열정으로
안도의 저녁을 맞이하는 밑바닥

이미 바다와 한 몸이 된 리듬을 타고
통영 나전칠기 백학의 춤은
생의 히말라야를 올랐다

저가 저에 겨워 몸부림치는 물살을 걷고
청유리 스크린도어를 열고 바다에 들면
수중궁궐 대형 자연수족관, 자유자재 물고기
탈속의 죽림칠현이 숨어 살기 좋은 대숲이면
세상소리 하나 안 들리는 여기는
나만의 해방천국이라는데
설마

하얀 쪽배

아흔아홉 할머니는 기저귀차고
팔십이 낼 모레인 아들 등에 업혀
틀니도 없는 연분홍 꽃잎같은 잇몸옹알이로 호호 웃던
할미꽃 할머니 임종날은
얼음장 같이 찬 동짓달 초사흘 달이
서천에 걸려 목엣 가시처럼 아팠다

이 땅에 모여 사는 수만 수천 수백 개의 마을
그 사람들 발자국소리가 하늘에서 들렸다
흰 소복을 한 별들이
티눈처럼 아팠다

이 집을 살다간 사람들이 섬광처럼 지나가고
손전등 불빛 같은 마을의 개가 짖고
녹슨 은장도를 닦아 손에 든 이조여인
오지마라 가까이 오지마라
한 발 다가서면 한 발 물러 뒷걸음치던
난간 위에 걸린 하얀 쪽배

해녀 일지日誌

1.

이맛전 청파래 물살을 걷고 해가 뜨면
꽃물이 드는 아침바다
진청색 푸른 생기가 돌았다 전신을 돌아쳤다
가만히 두면 바다도 둥근 접시
등고선 한가운데 청동의 칼을 대고
진중하게 반지름 선을 그었다
동짓달 초사흘 하늘에
조선육철낫이 걸리었다

수평선은 눈썹에 걸린 G선
탄금의 소리는 이승과 저승 경계를 가로질렀다
손차양 짓고 보는 무한 해원은 멀어
연중 한두 달 빼곤 하루 온종일
물속을 헤매다보면 머리에 인 흰 낮달도
납덩이처럼 무거웠다

2.

희망은 언제나 절망에서 일어났다
푸른 힘줄이 선 된바람 맞서며
기우는 법부터 터득한 내공으로
결 고운 차돌이 되기까지
단단한 기반의 주춧돌 놓을 때까지
참고 견딘다는 게 얼마나 아픈 것인지
제발에 걸려 넘어져도 일어서는
바닥을 딛고서야 일어서는
이전투구 물의 연골
담금질로 단련된 저력이란 걸
저 칼칼한 웃음소리가 대변하는데

설득하지 못하면 설득 당해야 하는
양자택일에서 나무도 풀도
바람의 말을 믿고 섬겼다
격문의 바다

물 위를 걸어간 발의 알리바이는 성립되지 않았고
시끄러운 건 바다가 아니라 가슴바다였으니
푸른 해원의 치열한 생은
멀리 바라볼수록 아름다웠다

3.
노동과 사랑은 일부러 만들어서 하는
일로써 일을 만들어내는 게 일
산맥 같은 바다를 짊어지고 융기하는
저 검은 물고기의 생이란
저승 것 가져다 이승 살리는
곤두질 한번에도 사선을 넘나들었다

소금바다 뜬 달처럼 태왁을 띄워 놓고
열길 물속을 오르내리는 검은 발광체
푸른 비명은 비수 같아서
듣는 귀에도 진저리 치가 떨렸다

>

한입거리도 안될 성게 앙장구 한 마리에도
사람 목숨이 달렸음에도
방앗간 피댓줄 같이 질긴 게 목숨이라서
그곳이 목숨이 달린 직장이라서
바다는 지주이자 은행이고 지갑이라서
잠결에도 역성드는 바다만 믿고 살았다

생명이란 마지막 끝물까지 꽃피우는 것
빳빳한 고춧대 바닥을 기는 호박 줄기도
제 의도와 고집을 기 졌다하나
억세고 질긴 바다만하겠는가
슬쩍 스치기만 해도 살이 찢기고
뼈가 부서지는 물밑 암초들
저 사투의 바다

4.

물밑 세상에도 산이 있고 골짜기도 있어
솔개 병아리 채듯 깊이 들이쉰 숨 한번으로
오르내린 경계의 분 초 단위,
물속에 사람이 들어있고
물 밖엔 가슴 조이며 바라보고
기다리는 사람도 있다
1분 30초

일이란 일상일 뿐 시련 끝에 만나는
노동의 기쁨이란 있어도 그만 없어도 그만
그저 하늘과 바람을 믿고
평생 바다에 기대고 살았으나
물 한 모금 없는 바다 속에서는
바다가 보이지 않았다

만조 때 잠기고 간조 때 드러나는 여,

이 우주공간 있는 듯 없는 듯
여태 잊고 살았던 그 모든 것들이
드러났다 검은 등
여처럼

5.
종일 오르내릴 물질보다 한두 시간이면 될
산소호흡기 부력조절기 진압계 수심계
별의별 최첨단 장비란 과학일 뿐
그 여자의 몸은
최첨단상비가 해독할 수 없는 초자연,
몸 하나로 만능기능보유자 세계문화유산
국가 어업유산 제1호 해녀어업인
귀하신 몸이시다

바다에 관한 한 지혜지식까지
자연생태 환경운동가 이론보다 한수 위

자연이 일상인 초자연이시다

하루 종일 물속을 오르내리는 물질
허기도 잊고 물에서만은 즐겁다는
초 분 단위
대물림한 가업이기도 한
각자의 원시감각은 최첨단문명이라도
도저히 해독할 수 없는
그 여자의 몸

시간을 앞질러가는 경박한 세상문명을
화내지도 예찬하지도 않았고
구닥다리 뒷전에서 보무도 당당하게
기다림을 모르는 것들은
정중히 경계하였다

6.

바다 속에도 나만이 아는 길은
손바닥같이 환했으니 열길 물속을 드나들었던
팔십 평생이 만조로 차올랐다

심장에서 발동선 소리가 나지만
익숙한 전례의 체질이라 입도 배설구도 없는
관벌레처럼 꽉 쥔 검정고무 물옷에 담고
물숨 한 번에 걸린 목숨을 쥐고
자식보다 남편보다 태왁을 의지하고
인간한계를 극복한 눈동자에 고인
물빛 발광체에서 은하 물소리가 났다

예수 석가도 사람이었으니
왕조의 권력보다 바다 속에 있다는 용왕님
바다의 권력을 신봉하되 용신해신을 믿는
바다가 神이고 종교였다

>

종묘종패를 뿌려놓은
물밑농사를 바다에만 맡겨두지 않았다
풀 뽑고 콩밭을 매듯
바다가 살아야 사람이 살고
바다가 거룩하면 사람도 거룩하였다

7.

물질에도 철칙이 있고 법이 있었다
가슴은 창해수처럼 깊어야 하고
입은 곤륜산처럼 무거워야 한다는
심심창해수心深滄海水,
구중곤륜산口重崑崙山,
경전 성경 한 페이지 읽어본 적 없지만
들은 귀만으로도 귀감이 된
바다의 법

육담 수다가 찰지고 질펀해도 물속에서
입을 열면 화禍가 되는
물숨만큼 무서운 숨이 어디 있겠냐고

물속에서나 물 밖에서나
의리와 신의로 뭉쳐진 바다의 법은
삼강오륜 행실도보다
인간이 만든 육법전서보다 상위

세간에도 출세간에도 메이지 않는
신의 날숨인 밀물과 신의 들숨인 썰물로
바다의 빗장을 열어젖히는
바람의 발성법으로
울부짖는 갯가에 뿌리내리고 살아내자면
통성 없는 생이 어디 있겠냐는
사람살이 참된 진맛을 아는 사람들

8.

풍덩, 물속을 들면 치외법권治外法權의 세상
지구 한 모퉁이가 기우뚱했다
임계점을 걷어차고 솟아오르는
사람의 숨길 끝에는 아마도 수천열도
마그마가 들끓고 있는 것이어서
살을 에는 샛바람이 맵찰수록
입속의 꽃은 뜨거웠다

숨 한 번에 들고나는 생명을 쥐고
집어등 같은 두 눈으로 본 바다 속은
밑바닥까지 환해져서
형형색색 무성한 해초를 헤치고
물고기처럼 헤엄쳐 가면
시시때때 조석간만 물거리도 다양해
소라 성게 멍게 해삼 전복 군소
날씨만 좋아도 가슴이 물살처럼 설레었다

숨이 닿도록 단번에 캐지 못해
놓친 물건은 언젠간 만날 수 있는 것
바닥을 걷어차는 듯 물 밖에 올라서면
빨갛게 언 맨발의 갈매기는
난장 누란누대 앉아
늘 보던 낯익은 얼굴이라 본숭만숭

검은 물옷에 오리발로 물가에 서면
누가 누군지 알 수 없는
그 입성 한 벌로
평생 바다 품을 팔고 살았다

9.
난바다 듬성듬성 떠 있는 황색 태왁은
한 목숨의 반증,
이승과 저승, 生과 死의 경계에서

생이란 견딜 수 없는 것을
견딜 만큼만 견뎌내는 것

뺨을 치는 차고도 매운 물너울 헤치며
생물을 건지는 데 두서너 번도 더
오르락내리락
한 숨 한 숨씩 참아낸 목숨을 쥐고
극한의 경계를 넘어온 휘파람소리
저 오래된 홋개소리*는
한의 소리가 아니고 무엇이더냐
차라리 소로 태어날 걸 그랬다는
다음 생은 무엇으로 태어날 것인가

갯바람이 짠 것은
저승 문전에서 돌아온 해녀들이
바다를 내뱉은 숨비소리 탓이다
바다가 푸른 것도

해녀들의 눈물 탓이다

* 숨비소리를 기장 해녀들은 훗개소리라 함

10.

깨어지고 부서진 상처가 상처를 만나
하나가 된 바다는 끓어오르되 넘치지 않고
쑥을 비벼 수경을 닦고 어람魚籃 망태
태왁을 꽃처럼 껴안고 물속에 들면
자연스레 바다가 되는 몸

물에서 견딜 수 있을 때까지 견뎌낸
그 숨의 길이가 기량이라는 것인데
오로지 들숨만으로 열길 물속
돌밭을 매는 상군이라도
한생의 길이만큼이나 길었을
물속 시간이 얼마나 길고 긴 시간인지

그런 목숨을 들고 물속을 넘나들었다

물속을 들어갈 때 쉬는 숨
물건을 잡았을 때 쉬는 숨
가슴으로 쉰다는 헛숨
앗차 순간 물숨을 먹을라치면
목숨의 줄을 놓친다는 자맥질
그 무서운 숨

참고 참았다 뚝 끊어지기 직전 솟구쳐
막 내뿜는 숨은 숨이 아닌 비애의 소리
몰아쉰 가슴 숨을 내뱉은 저 방언의 소리
누구도 알 수 없는
차마

11.
밀물 썰물의 차가 없는 조금 때

물꽃이 지고 흰 거품을 문 바다도 고단했나 보다
차렵이불 한 채 펼쳐놓았다

물질로 먹고 싶으면 먹고 잠 오면 잠자는
이만한 자유와 행복이 어디 있겠냐고
물 찬 제비처럼 바람 찬 눈보라 속에서도
근심걱정 없이 하루 잘 놀았다고
그리 말하는 겨울포구에서
발끝이 난간인 바다 앞에서
소리 없는 적막강산 물속에서
물고기처럼 혼자 놀아도 재미가 졌다

머릿속 채우는 글공부보다 학부성적보다
입에 들어갈 먹을거리 수확이 우선인
밤새 깐 말똥성게 노란 속살이
차조 서숙처럼 살가웠다

>

글을 몰라도 성체인 난바다 경전을 읽고
바다에 관한 학위 없는 기천기백,
최고 지식으로
날마다 만지장서 바다일지를 썼다

12.
땅이 바다가 되고 바다가 섬이 되는
까마득히 아득한 옛날부터
초하루 보름삭망 물때를 건너온 생
하늘이 물낯을 흐리게도 맑게도 하는
거칠고 억세지만 내면엔 수밀도 향기로
무화과 연분홍 속살 같은
물명주 한 필

물질이 끝나면 난전 좌판에 전을 열던
소금기 축축한 전대를 머리맡에 풀어놓고
잠자리 들면 몸은 노도 없이 흔들리는

낡은 목선 한 척 삐걱거리는데
돌아누우면 달처럼 차오른 생
겨울햇살처럼 맑았다

13.
바다를 무두질하는 오장육부 그러니까
각자 개인 바코드와 일단의 마개로
봉인된 비밀은 무거웠다

한목숨 걸어보지 않곤 흉내 낼 수 없는
극과 극의 한 정점을 건너지 않고는
죽었다 깨나도 모를 미공개의 세상을
내장 속을 다 들어 낸 배딴 물고기처럼
죽었다 깨나도 제 속을 보여주지 않는
각양각색의 열길 물속이나
천차만별 사람의 마음속이나
저 홀로 상처를 돌보는 각자의 동굴 속

빗장을 가졌다는 것이다

햇살처럼 고요한 실지렁이 울음소리
저 맑고 고운 소리가 땅 속 어둠의 소리이듯이
생명이 숨 쉬는 흙속에 잠자는 슬픔처럼
바다 속 고래 울음소리가 슬픈 건
목숨 탓이다

14.
채전에 심고 거두는 밭농사처럼
물속에도 사래 긴 밭이 있는
반농반어, 현존에 전 생애를 맡기고
깊숙이 입수入水하는 심해 잠수정처럼
자맥질로 날마다 바다 속 神을 만나고 온
푸르디푸른 영혼의 눈은
가을바람처럼 맑았다

>

둘러보면 삼라만상 만물이 神이라서
발 딛는 그 어디건 중심이었으니,
만물에 깃들인 넋들이 神이었다
나무에 빌고 물에게 빌고 돌에게 빌며
그 곁에서 곁을 살았다

사지백체 아프지 않은 곳이 없어도
천연항생제 같은 자식 크는 거
자투리 텃밭 사는 거
그럭저럭 재미지게 살았다

15.
갯벌너머 소금이 익어가는 갯마을
날이 궂으나 맑으나 물질에는 상관없는 일
온몸을 꽉 죈 고무물옷을 입으면
지느러미 없는 검은 물고기

>

하루에도 수십 번, 이승과 저승을 넘나들며
망사리 전복 소라 성게는 생물인 갯것
설전육전이 뒤엉킨 그럼에도
순조로운 갯가의 일상
이고지고 들쳐 맨 것이 바다였다

파도와 갯바람에 시달린 몸
뭍에 오르는 한걸음이 천리라도
식구들 얼굴만 봐도 신명이 절로 솟았다

물질이 없는 날에는 밭을 매고
감자밭에 북을 주던 북두갈고리 같은 손
고통 없는 삶이 어디 있느냐고
생의 고샅길을 오르내리는 파란만장에도
이래 죽으나 저래 죽으나 한 번인 생
목숨이 있어 살다보면 살아지는 거라고
구절양장 어떻게든 살아지는 거라고

바닷새같이 말하는 여자

쉽게 속절없이 울며가는 날짐승이 바람이라
저 먼 해협을 건너 온 무채색 향기
한 가닥씩 실패에 감았다 푼 실 돈바늘에 꿰
일망무제 바다를 기웠다

16.
눈 딱 감고 죽은 문어처럼 늘어졌다가
한등 자고나면 툴툴 털고 일어나
세밀 찬 눈길로 시퍼렇게 날선 서슬로
열 두질 물길을 숨 한 번에 오르내리다
돌고래처럼 머리 치세워들면
휘익,
머리 위로 휘파람새가 날아갔다
더운 숨 들썩이는 해녀의 가슴에서
쿵쾅쿵쾅 활어선 발동기 맥박소리가 났다

>

자맥질로 건져 올린 해산물
미역 다시마를 널어 말리는 어촌계
채전에 풀 한포기 용서 못하는 갯가 살이
마른 일 젖은 일 가리지 않는
양수걸이 일 쳐내는 솜씨는
앉은자리 풀도 안 난다는 그 말인데
막 건져 올려 갯물이 뚝뚝 떨어지는
아침 해를 머리에 이고 횟집 어물전
노전까지 하루를 팔아넘겼다

17.

연안에서 밤새운 오징어 멸치 배가 들어오고
어떤 정황이건 어떤 상황이 전개되건
바람 없이도 출렁이는 갯가 어촌계,
조수간만 물때 따라 다달이
건강한 달거리도 하면서

살면 살아진다는 여자의 바다는
논이거나 밭이거나 곡간이 바다라서
하루 몫을 건져 올린 망사리가 무거웠다

대포항 도대불

길 떠난 나그네는 돌아오지 않았고
뱃일 나간 수부들 안도의 밥상을 위해
모닥불을 피우고 수저를 놓았다

비바람 몰아치는 밤은 소금에 절군 아랫도리
생의 뿌리까지 흔들리는 포구
파도에 떠밀린 늙은 고깃배가 울었다 울다 죽은
고래혼신처럼 울었다 그런 날에는
대청마루 다듬잇돌 같이 차고 단단한
생의 밑바닥에서 들려오는 또드락 똑똑
다듬이소리 개 짓는 소리도 불빛이 되는
어둠을 밝히는 대포항 도댓불
송진에 그을린 천연코팅 선명한 터의 무늬
태고연한 화덕자리만 남았다
항적을 잃은 방향키는 허기 쪽으로 기울고
비린 젓국 날콩냄새 진동하는 갯가
저녁 숟가락 소리 설거지 소리까지 밥이었으나
밤새워 기다려도 못 오는 사람은

날이 밝아도 오지 않았다 영영 오지 않았다

일진광풍 누란의 밤, 돈대 봉홧불 같은 섶자리
들불을 놓고 꽹과리 징 장구 치던
등대 같은 사람아, 동네사람아

칠월 백중사리

해와 달이 바다를 두고 상하현달 초하루 보름
삭망을 따라 밤낮을 가리고 바다를 경영하는 것인데
조금사리를 거듭한 오래된 미래의 역사는
언제부터였을까
들어오는데 여섯 시간, 나가는데 여섯 시간
들고 날고 하루 두 번 열두 시간
조수간만을 무한 반복하는 달의 괄약근
시침時針없는 청동 괘종시계
지구심장을 쾅쾅 두드렸다

필설보다 몸으로 영원을 증명하는 일,
오차 없는 바다의 시간은 우주 숨결이라서
햇살의 단맛과 짠맛을 내는 바다에서
죽고 사는 일 밀물 썰물에 맡기고
빠르고 느린 율격을 따라 바다로 살았다

칠월보름 백중사리 조수간만 차가 진 대조기
천지만물이 밀고 당기는 힘겨루기는

삭사 제 존재를 드러낸다는 걸
하루 두 번씩 죽었다 깨나도 모르는 일
사해 용신의 속도 열고 보면 바닥이었으니
갯바위 따개비 청파래도 목이 타는 사리 조금
곱다시 하루 두 번 죽었다 깨는
달의 시간을 살았다

사계里 그 여자

세상을 모르고 세상을 살아낸 그 여자
목매달아 죽고 싶은 고목나무 한 그루 없는데
끝도 없는 靑보리 콩밭을 윤유월 땡볕 아래
보리새우 등 터지게 엎드렸다
완성이 없는 그 여자 노동철학은
일머리부터 마무리 매조지까지
자고난 청상 이부자리처럼 맑아야 한다는 것인데
작신작신 두들겨 팬 콩 타작 뒷설거지가
고쟁이 속같이 깔끔맞았다

이젠 끝이거니 속고 속아서 살아온 생의 모서리
파도는 절망과 비탄에서 다시 시작하는 것
그것이 사는 일이라고 시퍼렇게 날선 수평선
썩둑 잘라 한허리 동여맨 채 바다에 들면
어정 건들 七八月햇살이
물살 위에 저물었다 하얗게
갯바위 돌미역 김 파래 톳을 뜯고
내장을 꺼낸 생선을 빨랫줄에 내 속 같이 널어놓고

하늘이 어두우면 바다도 어누워
마음 하나로 피고 지는 꽃처럼 달이 차올랐다

팽팽하게 당긴 현이 느슨해진 몸살에도
죽은 문어처럼 늘어졌어도 자고 나면
툴툴 털고 일어나 물살처럼 일어나
자맥질에 묵정밭 풀 한포기 용서 못 하는
마른 일 젖은 일 가릴 것 없는
바다와 한 몸인 여자
대낮에는 푸른 잉크로 밤엔 검은 참먹 글씨로
평생 청상수절을 물 위에 썼다

도다리에게

잠잘 때는 반드시 오른쪽으로 누워
오른쪽 엄지손가락을 귀 뒤로 하되
손바닥은 귀에 대고 귓구멍을 덮지 말라는데
잠을 잘 때도 세상소리 다 들으라고
오른 쪽으로 누운 석가열반 와불도
오른쪽이건 왼쪽이건
한쪽 뺨을 맞았으면 다른 한쪽을 내놓거나
왼쪽 뺨을 맞았으면 오른쪽 뺨 내놓았어야지
눈이 좌우로 돌아간 좌광우도
예수님 말씀도 못 알아들은 도다리 광어
좌청룡 우백호가 어찌 됐건
산 사람이 칠성판 위 시체처럼 반드시 누워
하늘을 쳐다보고 잠들지 말라고
공자가 말했다는데
횟집 수족관에 납작 배 깔고 엎드린
광어 도다리 눈만 좌향좌 우향우,
좌우편향 경계를 넘어 난상토론 상 위에 오른
흰 살점에서는 푸른 물살이 일었다

곽전藿田

하룻밤 사이 만리萬里나 간다는 물살을 따라
서로 체온과 얼굴색깔이 다른
난류한류가 만나는 동해 극전선에서
동풍 새바지 샛바람 맞으며
씰게질 철정을 들고 미역돌을 닦았다
미역의 바탕인 곽암藿岩 곽전藿田
물밑에 바위도 노천 마애불이라
어루만져 싹싹 씻고 닦았다

백옥같이 닦은 씨돌로 들물 따라 들어오라
헤동 천 맑은 바람에 빌고 빌었다
금자동이 은자동이 해산바라지
삼신할미도 귀신고래도 좋아한다는
미역귓밥까지 반짝이는 먹물같이 검은 돌미역
낫자루 들고 미역 베러 가는데

미역도 잎이 적고 줄기 긴 수컷이나
줄기보다 잎 많은 암컷이나 생물이란

암수가 분명했으니
아름다운 산란과 슬픈 산고를 위해 바다도
다달이 더운 달거리로 낳고 길러서
잡고 거두는 바다농사
꽃이 바람에 흔들리며 피듯 해초도
물살이 셀수록 춤사위는 즐거웠다

몽돌해변 학동들

흑진주가 몽돌인가 몽돌이 흑진주인가는 달밤에 맨발로 거제도 바닷가 짠물에 간이 밴 젖은 달빛을 밟아보지 않고서야

달의 발자국 따라 바다로 달 건지러 간 우화등선 이태백은 보이지 않고 한가롭고 게으른 천재들 끊임없이 학풍을 닦아 문명을 세우려는 청록학파

오랜 집단최면에 걸린 머릿속은 온종일 밀려갔다 밀려오는 은비늘 번쩍이는
울창한 생각의 숲

몽돌 해변 노천교실엔 주어가 없는 문장과 행간을 이어붙이는 학동들 조곤조곤 골몰하는데, 밤사이 어느 행성을 떠돌다 돌아온 아이들 속에서 어른을 보듯 어른 속에도 천진한 아이들
노소 없는 안전망 속 평생수업은 하루 12시간씩 이부제였다

>

하늘에서 온 맹아들이 선착장 유람선을 타고 바다의 금강산, 해금강으로 수학여행을 왔고
달 없는 그믐밤엔 발길에 채는 것들 모두 별이었다

땅끝, 예송리禮松里 갯돌

갯돌도 외고 패고 소리치는 땅 끝에서는
바다도 여처럼 내장까지 꺼내 놓았다
낙락장송 소나무도 사람들에게 예禮를 올린다는
예송리 바닷가 동글납작 갯돌까지
생글생글 까르르 소리 내어 웃는
바다가 즐거웠다
붓대로 내리그은 조선팔도 숨소리 끝에서는
사람의 길도 귀를 씻어 걸었다
사발통문 중심은 혼돈의 한가운데 있어
상처와 치유가 한 몸에 가라앉고
가두리어장 남자의 푸른 줄무늬 티셔츠 같은
갯돌해안 섶 도리 들이친 새벽파도
생명이란 이처럼 비린 것인지
시간 밖에서 날품팔이 뜬구름이나
벌목장나무도 누울 자리 보고 쓰러지는데
갯가에 살아남으려면 물때 따라 납작 엎드려야지
밀물 썰물에 씻기고 비바람 설장구 모가 닳은
고만고만한 또래끼리 그렇고 그런

너도 새까맣고 나도 새까매서
누가 누군지 통성명 낯가림도 안 해
그래그래, 뺀질뺀질한 짱돌보다 올망졸망
큰 건 큰대로 작은 건 작은대로 보듬어
이 앙다물고 살아야지 그럼에도
이 바닥에 뿌리내리자면 굴러온 돌이나
박힌 돌이나 모두가 갯돌이라
세상 한끝이 이처럼 아름답게 반짝이는지
온종일 들끓던 햇살이 맨 아랫줄에다
꽃물 인주로 해인낙관을 찍었다

판실댁

봄 바지락 소곤대는 물 빠진 갯벌
낮은 포복으로 엎드린 사람 키 한질이면
한 척 배가 되는 널배板船,
생의 남반부에서 북반부까지 밀고 갈
칠성판 같은 그 널배로
해수관음전 108배 삼천 배를 올렸다

당긴 것만큼 밀고 나가는
손톱배접에 아린 생인손 앓으며
붉덩물 허드렛물로 쏟아낸 생의 하구에서
썰물엔 무릎걸음 물 밭을 매고
새순 새살로 차오른 밀물이면
자투리 채마밭 매던
대상군

평생 밀배를 밀었어도 턱 끝에 걸린 수평선
금줄만은 건너가지 못했다는데
그렇게 가벼워지고 싶었을까

삼선버선발로 황천강 건너가는데
서천에 낡은 거룻배로 떠가는
청동기 유물의 달
오늘은 갯벌이 고요하다

매물도엔 매물賣物이 없다

통영자개 윤슬을 만경창파 발 아래 내려놓은
해금강 한려수도 백미가 된 매물도
누가 살 수도 팔 수도 없는 저 매물은
눈요기 그림의 떡

장구허리 건너 한철 죄인으로 유배되거나
무인고도 위리안치 섬이 되거나
고관대작처럼 무한지속 누리고 싶은 섬

은륜의 물살을 가르는 발동선고깃배
이 환장할 봄날을 다음 장으로 넘기면
당금마을 대항마을 등대섬
녹청색 바람의 몸도 보이는 곳

말할 때마다 입에서 소금발 침이 튀는
기억의 켜켜로 천일염을 뿌리면서
물살이 높으면 울부짖는 갯바람
새들도 앉은자리가 가시방석이었다

>

외로운 혼자보다 여럿이라서 힘이 솟는다는
기암괴석 절경의 다도해 물낯
햇살이 비치면 물밑까지 환해졌다

제2부

소금꽃

누가 저토록 선명한 일직선을 긋고
결결이 재단가위질을 하는 것이냐
남사당 외줄타기로 가리타고 걸터앉은 낮달
하늘과 바다가 맞물린 경계
목구멍 가시로 걸려 아픈 사람아
낮달같이도 서럽고 해맑은 사람아
눈물을 참으면 소금꽃이 될까
담금질로 벼린 날刀의 모서리
소금밭 불순물 하나 없이 순결한
물때를 따라 바람 냄새만으로도
하얀 소금꽃이 되는
몸이 마음을 벗어나지 못하고
마음이 몸을 벗어나지 못하는 연옥,
물속에 길을 버린 발의 기억으로
시간의 저쪽에서 수차를 밟고 올라
소금밭 물을 대고
화무십일홍, 열흘도 못 갈 꽃보다
뼈에 아로새길 그 꽃

물집

나전칠기 백금의 바다 경계를 지웠다 난바다 파도소리를 생의 기반으로 삼고 잠결에도 머릿속 주판질로 윗돌 빼 아랫돌 괴고 아랫돌 빼 윗돌 괸 일상의 저잣거리 고등어 한 손, 굴비 한 갓, 북어 한 쾌, 오징어 한 축씩 엮어 꿰면서

고기잡이 집어등 같이 뜨거운 심장을 물살에 식히며 조기떼처럼 중얼중얼 자라는 해조류
근심걱정은 없었겠느냐

생이 버겁다고 몸부림치면서 벗어나지 못한 바다를 떠나면 물 떠난 물고기라 해파에 시달리며 평생을 물질로 살았으니 아프지 않은 데가 어디 있겠느냐

새의 눈으로 물밑 산악을 더듬어 한 가닥 숨결로 사시사철 쉬지 않고 자맥질로 젖은 일 마른 일에 살과 뼈를 발랐으니 이제 다 낡은 목선처럼 삐걱거린들, 능력보다 바다법도가 우선인 상군이 되기까지 밭이랑 땡볕 아래

땀에 젖건 물질에 젖건 속 고쟁이 마를 날 없는 여자의 물집

둥글게 돌아가는 척력과 인력 사이로 N, S 극한의 극과 극을 건너온 소리의 끝은 어찌 이리 환하고 슬픈 것인지 펄펄 끓는 용광로 쇳물처럼 활활 타오르는

목숨이라는 꽃

섬에서 섬으로

이름 없는 새, 이름 없는 섬이란 없는 법,
이름을 지우고 은신과 도피를 자처한
유유자적 몽상가로 수평 위에서 두둥실 달이 떠올랐다
푸른 심줄이 선 달무리 열두 발 상모를 젓던
수 억 년 낡고 오래된 달
백자 달항아리 같은 섬이 되었다

바람이 거친 날은 하늘에 달까지 흔들리는
들숨날숨 달구질로 다져진 섬
소금에 절구고 햇살에 널어 말렸다

샛노란 황금의 햇살을 합죽선 백우선 오엽선 태극선
부채란 부챗살로 죄다 활짝 펴 들고서
청파래 푸른 생을 부채로 풍구질하면서
돌담 아래 꿀처럼 줄줄 흘러내린 햇살도
간질간질 털 고루는 고양이처럼
혼자서도 잘 놀았다

>

섬에는 배가 자가용이고 신발이라서
해지면 자고 새벽닭소리에 일어나는 동식물처럼
해와 달의 시간으로 지구공전의 법칙으로
문명의 시간보다 더 엄격한
천체우주의 시간을 살았다

생명이 법 위에 존재하는 계절을 살고 바다는
달의 삭망으로 조금 사리 물때로 서로를 섬기는
달은 사글세를 살았으나
바다는 달세를 살았다

바다의 구음口音

해독불가 해조음으로 울부짖는 늑대
푸른 눈동자는 보이지 않았다

넘칠 듯 그럼에도 절제된 조율로
청파래 같이 푸른 장광설로 널어놓은
한풀이 사설도 알고 보면 모두가 거품이었다
파도의 자백은 부질없이 끝나고
판판이 무너지면서 다시 시작하는
크고 작은 파도에도 가장 힘이 센
삼세번째 목소리가 컸다

과거를 기준으로 오늘을 살거나
미래를 기다려 오늘을 살거나
고단한 노고에 내가 나를 응원하며 온 길
바람보다 물살이 더 거칠었으니
슬픔이 모여 인생이 된다는 말로
조문객 없는 빈소의 미망을 가만히
내려다보는 영정처럼 겨울바다
홀로 가는 달

개경포開經浦에서

팔만사천 말씀의 경전을 싣고
강화도 선운사에서 한강에서 서해로
남해를 돌아 낙동강에서
개경포 나루에 배를 대고
다시 육로를 걸어
합천해인사로 간 팔만대장경
머리에 이고 등짐을 져 나른
걸음걸음 아로새긴
거룩한 말씀의 행렬
봄 여름 가을 겨울 철 따라
팔만사천 화엄의 꽃이 피고
팔만사천 번뇌의 낙엽이 지는

숭어들이

먼저 온 파도가 다음 파도를 위해 마당을 쓸고 다음 파도가 마루를 닦고 하루 골백번도 더 쓸고 닦은 집에서 하늘의 시간인 子時와 땅의 시간인 丑時를 지나 만물이 잠 깨는 寅時에 일어나 순전히 바다로 생을 살아낸 숭어들이 어로장

북극 쇄빙선처럼 구석구석을 누비고 다니는 한 마리 늙은 고래처럼 난장 해작질로 바다를 일으키는 바람의 손길과 낌새 기미만으로도 인간 어로탐지기로 명성을 날렸던 퇴역 노익장의 왕년

심해 고래뱃속에나 있을지 모를 해도를 눈대중 어림의 짐작만으로도 척척 알아맞히던 그의 자산어보는 바다의 비밀문서였네

고래심줄 같은 뚝심으로 생의 밑바닥까지 싹싹 긁어낸 염전바닥 소금자루 같은 몸에도 무호흡증에 시달린 코골이 술고래로 낮엔 햇살에 밤엔 전조등에 데여 까매

진 얼굴에 틀니만은 흰 파도 같았으니

수군절도사보다 지중해 대륙을 넘나든 항해사보다 연안기수 어로장 손바닥은 오래된 고문서였네 나침반 항적 없는 그의 해도海圖

순비기나무 숨비기꽃

해변 어디서나 흔하디흔한 순비기나무
물질하러 가는 해녀의 발자국 따라가는데
무꽃같이 푸른 듯 연보라 여름 물살같이 해맑았다
나무인양 덩굴인양 퍼렇게 멍이 든 꽃

공작새 날개를 켜고 목마른 모래언덕에서
오체투지 천산 오르는 수도자이거나
맨바닥에 엎드린 성자처럼 낮은 포복으로
관자놀이 실핏줄이 터질 만큼 고단한
등, 어루만지는 햇살의 손길은 향기로웠다

날마다 날을 세우는 모래바람 속에서
자갈밭 모래밭 목마르게 살아온 생
별무리 따라 불꽃으로 타오른 강건한 목숨
살면서 살아가면서 어둡고 외로운 길
눈 밝혀오라고, 물속 환히 비출 초롱을 켜들었다

홑저고리 검정 통소중이 물질로 진주를 캐는

해녀들 눈 밝게 씻고 물질귀막이로 물멀미 이기라고
숨찰 때 힘이 되고 관절뼈마디에 바람이 들면
약이 되는 냄새만으로도 영혼을 맑게 한다는
융숭 깊은 아낙 같은 꽃이라서 애달픈
해녀의 꽃

귓속말로 전하고 싶은 말 대신
시집갈 혼수 놋요강에 담아주는 꽃씨
내방가사로 눈과 귀를 씻고 머리맡에 두고
베갯속 채운 꽃베개 베고 누우면
저승길 꿈길까지 환해진다는
날숨들숨 따라 피는 꽃

바다의 셈법

모재비 칼바람 삼동을 지나 정직하게 천공 별자리 긋던 해녀의 젖은 손이 짜졌다

미역다시마 널어 말리던 손, 천개의 손, 천개의 눈을 가진 천수천안관자재보살 자유자재 서른세 가지 모습 중 한 모습으로 메밀밭 흰 소금꽃처럼 살았다

짠바람의 손이 철썩철썩 헛물 헛장구치는 오기와 열정으로 재도약을 위한 결기와 시련으로 단련된 힘이 얼마나 아름다운지 얼마나 눈이 부신지,
바다는 바다만의 힘으로 살았다

큰 파도가 삼세번 작은 파도가 삼세번, 서당 개 삼 년에 풍월을 읊고, 삼 년 가뭄엔 살아도 석 달 장마에는 못산다는, 세살 버릇 여든까지 간다는, 삼대 적선을 해야 동네 혼사를 한다는, 중매 잘하면 술이 석 잔, 못하면 빰이 석 대라는 삼세판 파도가 힘이 셌다

>

그 삼세번 힘으로 아홉 개의 천국과 아홉 개의 지옥을 하루 수십 번 생사경계 넘나들며 저승 것 가져다 이승을 살린다는 그 여자 노동철학은

없는 일도 찾아서 만들어내는 것

고대광실 팔작지붕 청기와 집 짓고 허물기를 열 손가락 천에 천을 더해도 끝이 없고 평생 바다를 캔 호밋날은 밀물 썰물에 날이 옥았으나

한 번 두 번 삼세번째는 꼭 이루고 말 씨름판 삼세판 양승제로 바다도 그 여자도 세 번째 힘이 셌다

바다별곡

벼리고 벼린 날 끝에 살이 닳아 허옇게 뼈가 드러났다 서릿발 같은 회한의 날을 들썩들썩 숫돌에 갈아세우는 해안에서 외마디 격문은 누천년 봉두난발 피고 지는 풍문일 뿐, 있는 듯 없는 듯 그럼에도 바리바리 바다를 져다 부리는 지게질

전후사방 휘둘러보면 위리안치 무인고도 섬이 된 이래 날개를 가졌으나 날지 못하고 아무리 달려도 늘 그자리인 이 섬에서 얼마를 더 흔들려야 얼마를 더 달려야 저 해송처럼 꼿꼿해질 것인가

해풍에 절인 오만가지 소리와 빛깔에도 완성 없는 무한반복 조수간만을 따라 비바람 눈보라 속에서도 꺼지지 않는 등불을 들고 생육이 타는 소신공양은 얼마를 더 타올라야 그 산에 가 닿을지 얼마를 내려가야 그 뿌리에 가 닿을지,

등잔 밑이 어두운 제 그늘을 밟고 선 나무 같은 생 ,물

속에서 물에 젖지 않는 등대 같은 사람아
이제는 하얗게 야윈 사람아

조도鳥島

어떤 큰 새가 날아와 앉았을까 아니면
섬이 된 이래 새가 되어
서른 세 개의 하늘을 날아가고 싶었을
바다 밑에서 불을 안고 불현듯 솟아난 神은
목숨 하나를 주고 나머지
아흔아홉 개를 가져가버렸다

바람만 불어도 자칫 가라앉거나 가랑잎처럼
날아가버릴 것 같은
명분도 대상도 없이 들고 일어나
사력을 다한 건곤일척,
멀리서 보면 꽃이거나 새처럼 보이는
바람의 나라, 바람만큼 살맛나게 하는
그런 생을 살아냈으니

온몸으로 맞선 바람막이 최전방에서
여기서는 모든 걸 내려놓거나
플러그를 뽑고 나사를 풀어야

헐거워지는 生

젖은 날개론 날지 못하는 섬

늘 그 자리에 있는 새

등대

혼자 힘으론 날지 못하는 알바트로스
바람의 힘을 빌린다는 그 새는
어디로 날아갔을까 일진광풍 휘몰아친 후
빈 솟대만 남은 바닷가
하루 팔천육백 번을 친다는 파도
닦고 닦아야 파래지는 깎고 깎아야 매끈해지는
사포질 대패질로 진물이 난 살 속의 뼈
하얗게 일으켜 세웠다

길게 목울대를 뽑아 올린 백련의 꽃대
연꽃처럼 둥둥 떠다니다가
살과 피가 타는 등신불이다가
눈밭 위에 생장작불이다가
얼마를 더 울어야
나비처럼 가벼워지는 것이냐

몇날 며칠 내리던 궂은비 개이고
내장이 환해진 달의 몸으로

꿈에서 꿈속으로 돌아눕는
어두울수록 빛나는 별의 눈으로
애처롭게 홀로 날밤을 샌 외로운 애인
눈물겹지 아니한가
휘몰아치는 빗줄기 속에
하얗게 야위는 밤바다 백학처럼
외다리 들고 섰다

고래는

쇄빙선 뱃머리 검은 지느러미 번쩍이며
수면 위로 불현듯 솟구쳤다 내리꽂히는
돌고래 유영
굴뚝 흰 연기를 올리듯 물을 뿜고
수면을 치며 놀이 삼아 한가로이 재주넘는
참, 착한 고래

적도는 어떤 곳일까 가보지 못한 곳
그리움일까 설렘일까 둘러보면 사방이
수평인 위리안치 바다가 감옥이다
서로가 서로에게 헤엄쳐 간다지만
서로를 스쳐 지나치는 일상적 거리에서
홀로 가는 꿈속의 길

심장에 쐐기를 두들겨 박는 쇠 절구질로
작살을 맞고 흐느껴 울고 있을지 모를
어둡고 망망한 해저 어디쯤에서
소리 질러 불러볼 이름도 없이

거친 물살을 안고 훌쩍훌쩍 울고 있음

오만가지 소리와 색상 보고 듣고 느낀다는
말 못하는 것들의 상처를 알지 못했다
세상 슬프고 아픈 소리만 들어준다는
관세음보살도 만나지 못했다

숨꽃 1

한가대 四代가 한자리에 앉아 대대로 승계한
비밀 가책家冊을 두레상 위에 펼쳐놓고
인류 최초의 문자인 밥
출생호적부 같은 저녁밥을 읽었다

문자중독증 환자들처럼 애잔하고 슬픈 밥
즐겁게 소리 내어 읽었다

세상 모든 흥정과 정쟁이 사라진 저녁
신성하고 순결한 별들과 걸판진 이밥 한상 겸상하고
내 머리 꼭대기에 곤두坤頭선 흰 밥알을
생년월일만큼씩 소처럼 되새김질하다
삽날같이 반짝이는 별빛에 여물어 익는다는
두렁콩 수런거리는 소리에 귀를 달고 들었다

한 됫박 쌀이 될 때까지 여든여덟 번을 걸었다는
발자국마다 뜸부기는 울음을 심었다

>

가슴을 치듯 툭툭 삽을 내리쳐다지던 논두렁 물 귀에서
논물을 대는 물꼬싸움소리에 개구리가 울었고
나는 개구리와 청개구리 사이에서 최초 문자
흰 쌀밥을 쓰기 위해 어디로 튈지 모를 먹을 갈았다
살살 참먹을 갈았다 살과 피가 되는 살과 쌀 사이
왕왕 내 귀에는 쌀쌀하게 들리는
새벽 쌀 씻는 소리

숨꽃 2

똑,
똑, 똑
물의 행로는 노크로부터 시작했다
심산유곡 바위틈에서 대천 한바다를 두드리는
시始와 종終을 똑, 소리 나게
하늘이 대지의 잠을 흔들어 깨우는
하늘과 땅이 둘 아닌 한목소리로 응원하는
그 모든 것들이 일시에 눈을 떴다
축축祝祝한 발신음, 제 몸의 소리가
청명한식 날 청호에 담긴 울울창창 산 그림자
하늘보다 더 푸르게 우는 무논 개구리
납작 엎드린 탄원에 응답하는
수억 년 달궈낸 저 불덩이 저것이 징이라면
월인천강지곡, 물처럼 흐르기만 했을까
한 생 눈물과 정으로만 살았을까
친친 동여맨 이 모든 연으로부터 연한
어느 숨결이 이처럼 아름다울 수 있겠는가
모두가 잠든 밤 홀로 가는 달처럼,

나를 위해 노래하거나 울어본 적 있는지
개구리 울음통 같이 울어본 적 있는지
철철 넘친 사은謝恩을

숨꽃 3

반석암반 살을 깎는 천년물소리 세상에서 가장 슬프고 가장 아름다운 노래로 철철 차고 넘친 희열로
사랑을 냇물처럼 말하는

그리운 건 목마름이라고 물이 물처럼 살라고
이제 나의 모든 것이 된 것들에게 어제부터 작년 재작년 재재작년 알 수 없는 그 이전부터 오늘 여기 내일 모래 내년 내내년 내리내리 누천년까지
어떻게 이어지는지를

검은 밤, 하얀 글씨로 쓴 익명의 비망록을 가만가만 따라 읽다가 한 단어만 놓치면 미끄러질 낭간쯤에서, 거슬러 오르거나 대든 적 없는
가장 안전한 바닥하층민으로 선두리 첫걸음부터 대의를 향한 길이라고 믿어 의심치 않았던 것

상하계층이 없는 바닥이 더 안전한 그 바닥에 누워 하늘을 노래하는 거문고처럼 햇살 아래 빛나는 그대가 내

눈과 귀를 가져갔다는 걸
내 눈과 귀가 없어진 것조차도
아주 나중에 알았어요

숨꽃 4

언제 어디서건 단 한 번도 실수하거나 실패한 적 없는
일신 하나로 홀로 기쁘고 홀로 즐거운
내川, 오래된 행록
몰래한 연애사 시시콜콜 다 말해줄게요

한 방울씩 비 듣긴 단어를 모우면 노래가 되고
피와 살을 만드는 비법까지도

어떤 변화에서도 변하지 않고 아무리 휩쓸려도
결코 나를 잃지 않고 아주 쉽고 아주 간단한
단 한 가지 일에 목숨을 건 우리 모두는
언제 어디서건 부드러움으로 단련된 그것만으로
영원이라 말하는 그 숨결만으로
세상을 빛나게 한다는

온몸으로 울다 그쳤다 다시 우는 새처럼
울고 싶어도 울지 못 할 때 이쯤에서
나로서는 최선을 다했다고 느낄 때

즐거운 날이 끝나고 고통까지도 끝났을 때

새도 나무도 자라지 않는 죽음의 사막에서
모래바람에 흩어진다 해도
흙을 뚫고 일어선 것들 모두는 진실이라서
내川 가슴 속 말은 땅 속 깊이 스며
대지의 맥박과 바다의 숨결로 다시 또

숨꽃 5

아름다운 사람 앉은자리는 향기가 난다는
익명의 온기를 깔고 앉아 시원하게 볼일 보고
향기를 남기고 간 아름다운 그를 생각하다가
근심을 푼다는 절간 해우소가 아닌
임금님 거시기는 매화꽃 향기가 났던지
선비들이 존앙과 흠모의 정으로
의전매화梅花 매화간 매화틀이라했다는데요

궁중상감이 먹던 그릇이라 상감청자 비색이야
그렇다 손, 먹는 즐거움만큼
배설의 쾌감 또한 그와 같아
호랑이 담배 필 때는 호랑이 입 벌리고
오줌 눴다는 산신령도 있었다는
제철 맞은 들판 초식동물 만찬이나
목숨 하는 것들 모두는
독과점 제조기능보유자들인 바

있는 힘 다 쓴 집중력으로 용맹정진

거룩한 자신만의 매화의전이
통시 투막 뒷간 측간 정랑이 어찌됐건
처가와 측간은 멀수록 좋다는 말은 옛말이고
가까울수록 좋은 게 그 곳인데요

청사묵향이나 피우시던 선승, 왈
땅 위에 걸어 다니는 것들 모두는
지구영농거름이 될 똥자루라느니 뭐,
정말 그런가요

제3부

구만리 구룡소九龍沼

한반도 최동단 바닷가에 용들이 살았다는
용소龍沼, 용추, 용수리, 용치미기
푸른 용이 들숨날숨 흰 거품을 내뱉으며
아홉 마리 용이 살다 승천했다는
그 아홉 구멍에서
심호흡 들이켰다 내뱉으면 용트림이라
토討를 달거나
초를 치자면
인간도 아홉 구멍을 가졌으니
용꿈이나 아니면 도야지 꿈이라도
꿔볼까 하는 것이다

부활의 바다

경계와 한계를 건너온 사람만이 낼 수 있는
비명 끝에 터지는 진저리
숨 한 번에 들고나는 목숨이라서
생이란 갯것 말리는 바람 같아서
불다가도 안 불면 꽃 지듯이 지는 거라고
목숨에 겨운 저가 저를 못 이겨
몸부림치는 천의 얼굴 물굽이로
출렁이는 것만이 얼지 않는 거라고
청치마 건듯건듯 차 던지는 흰 발바닥,
이 바닥을 살자면 바다만큼은 해야지
자맥질하는 푸른 맥박소리로
그릇그릇 그득 차오른 만滿
잠결에도 역성드는 바다만 믿고 살았다
생명이 법 위에 있는 그런 세상
철썩 같이 믿고 살았다
이 바닥에서는 바다와 한 몸인 사람들은
원양의 숨결로 호흡을 했다
들이쉬고 내쉬는 파랗게 언 하늘 끝

떨고 있는 작은 별 하나로도 희망이 되는
일상적 평온을 기적으로 영접하는 일
하늘과 바다가 맞물린
저 끝은 알 수 없는 영원이라
주경야독 바다경전을 읽는 수부水夫
부동의 꽃 등대가 대변하는 변방의 민생들
전장에서 절룩이며 온 패잔병이거나
만선이건 빈 배로 허탕을 쳤건
제자리로 돌아온 것들은
참이었다

호미곶虎尾串

누군* 조선호랑이가 앞발로 연해주를 할퀴는 형상으로 백두산은 호랑이 코, 호미곶이 꼬리라는데 또 누군** 지형지세가 어찌됐건 장기곶, 동외곶이라 했다는

해동조선 최동단, 수천 광력의 시력으로 밤새워 바다를 읽는 등대 아래서 가슴에 바다를 품고 생의 한가운데를 향해 달리는 곳

해풍에 쓸려 나무도 풀도 한쪽으로 기울었으나 용천백회 내리꽂인 천뢰에도 의연한 곶串, 눈이 가닿지 않는 너머에 있다는 영원을 향해 청옥에 새긴 백학이 날아올랐다

앞발을 번쩍 들어 허공을 긁어내리는 해마海馬의 투레질소리 들었다 등짝을 후려치는 말발굽소리 들었다 천마도 그림 속 철갑옷의 전사는 백마에 박차를 질렀다

>

홀로 밤의 왕조를 세우는 누란의 흥망을 딛고 아침이 면 눈이 시린 창해, 구만리로 뻗치는데 햇살에 눈시울 붉히며 손차양 짓고 보는 속눈썹까지 꽃물 들었다

일진일퇴 전장에서 백기白旗를 들거나 청기靑旗를 들고 돌진하는 빛의 정면에서 빛의 화살을 맞아보라 얼마나 아픈지

맑고 깨끗한 최고의 정신으로 용상을 오르는 용자를 등지고 돌아서면 가슴은 또 왜 그렇게 두근거리는지 기암내벽을 후려치는 결사의 푸른 파도

새벽은 늘 그렇게 왔다

* 남사고(南師古), ** 김정호(金正浩)

해파랑길 해맞이 간다

포항시 호미곶면 해맞이로路, 해맞이공원에서
육지엔 왼손이 바다에선 오른손이
하늘을 받쳐 들었다

간혹 갈매기도 앉아 쉬는 상생의 손바닥으로
낮엔 태양을 받들어 모시고
밤이면 달을 들어 올렸을 그 손으로
하나 뿐인 지구를 들어 올리거나
어루만지는 건 아닌지

솔개처럼 떠있는 흰 구름 같은 생각으로
어쩌면 눈에 보이지 않는 저의 얼굴을
두 손에 받친 굄 턱을 하고
무슨 생각을 하건 상관없지만
나는 왜 턱이 무거운 것일까를
생각하는 것인데

두 팔 흔들며 달려가는 천지진동 파도소리

선명하게 접었다 편 해도를 밟고 오는
툭툭 불거진 돋을새김 심줄 선명한
구만바람은 청룡언월도 격금의 날刀이 섰다
바람의 결이나 물의 결이
눈부시게 푸르렀다

울기등대蔚氣燈臺 1

등대 같은 사람아
여기가 곶이다 여다 암초다 알뜰살뜰 부표들까지 모두 다 제 할 일에 바쁜 후진과 전진을 거듭하는 생의 가풀막, 차마 단숨에 올랐을까

올라가면 내려갈 이 구비가 마지막이거니 바닥을 쳐도 다시 일어서는 치열한 아수라 난바다 고난과 역경을 함께한 애달픈 사람아

한눈에 일별한 세상은 일체평등, 아무리 태풍이 휘몰아쳐도 바다의 저울衡은 수평을 놓았다

꽃이 피고 꽃이 지는 파도의 절명사, 일진일퇴 전장에서 번번이 백기를 들어도
세상의 죄, 죄다 용서할 것 같은 가로등 불빛 아래서 아무리 외로워도 혼자서는 울기 없기

울기등대蔚氣燈臺 2

후려치는 마파람 높새바람 속을
멀대 장승처럼 서 있어도 맞서기보다는
온몸으로 안아주는 백발노장 흰 등대
암만 봐도 풍채 좋은 학춤한량이 분명한데

등대는 신神을 바라본 눈으로 사람을 보고
하루 조석간만의 숨결로 맑고 찬 밤하늘
종알대는 별들의 수다를 들어주는 것인데
솔개처럼 떠있어도 기름진 창해바다
불심지 내리고 자기를 온전히 다 태웠던
거룩하여라, 저 대인

백로목덜미가 춥다고 웅크릴 순 없지,
성큼성큼 바다로 걸어가는 백수광부
물위를 아무리 달려도
늘 제자리걸음인 生

심해 진술로 생계를 꾸리는
겨울햇살같이 맑은 외로움이 더 좋았다는
단 한 번도 못 가본 지중해 같은 건
일평생 모르고 산다는 것도
다행이라는 말씀의 눈높이로 등촉을 켜고
뱃길을 돌보는 이

비금도飛禽島

소금기 전 갯바람에 눈썹끼지 하얀
저 눈부시게 아린 백금이 바다 이슬이란 것
비바람 몰아치는 밤을 기다리던 새
너무나 큰 날개로 날 수 없는 새
아무도 보지 못한 그 새는 검푸른 비단 위에
날갯죽지를 켠 그림자만 내려놓고
풍문을 타고 날아갔다

깃을 치며 곧 날아갈 듯이 물 위에 앉아
좌우날개로 평행을 잡으면 바람은 늘
정면에서 불어왔다
벼랑 끝 난간에 내걸린 목숨을 들고
뱃머리 채 닿기도 전 날아가 버릴 것 같은
새

어째서 바다가 소금인지 바람 부는 날
바다로 나가면 알게 될 것인즉
바다도 눈부시게 흰 뼈가 있다는 걸

훌렁훌렁 벗어젖힌 남정네 혈기로
바람과 햇살의 연금술이 만들어내는
염전 염화미소가 꽃소금이란 걸
김칫독 얼어터지는 엄동 갯바람에도
하얀 꽃을 피운다는 것까지도

수천 볼트 집어등 밑에서 밤새 그물질하는
수부들 땀이 비금도 신안 법성포 소금밭에서
맑고 투명한 빛깔로 익은 막소금
뒷맛이 달다는 건 알만 한 사람 다 아는데
평생 물편일로 바다가 밑천인 배꾼만 몰라
세상 돌아가는 일 세상에 주고
바닷속은 천기누설이라 조개처럼 다물고
터진 그물만 깁고 있었다

남행

선 채로 두 손 모은 연화도 촛대바위 천수천안관음은 연화좌대에 올라 세상 어둔 길 살펴오라 등불을 들고 섰다 세상을 지키듯 한바다 수문을 지키고 서서 하룻밤 천 불 천 탑을 천 번을 쌓고 허무는
금강역사의 신공

난바다 수문을 지키고선 해운정사 금강신장 부릅뜬 두 눈으로 삼천대천 만경창파 펼쳐놓은 해수관음전 법첩을 향해 삼천에 삼천을 무릎 꿇고 절하는 파도, 죽비를 내려치는 휘몰이 자진모리 칼춤에도 살아온 나이테가 있다 그러니까

대양을 향해 물살을 가르는 연화도 용머리 해변에서 검고 푸른 침묵이 짐승보다 무서운 건 저리고 시린 외로움이 얼마나 사무친 것인지 오래된 해수기침에다 눈 멀고 귀가 먼 난청에도 인기척만은 반가웠다

풍뎅이처럼 세간을 떠돌다 돌아오는 낯익은 골목발소

리가 별처럼 빛나는 밤, 허허벌판 헤매는 길 잃은 탕자를 위해 새벽이 올 때까지 호롱불 등잔 아래 바느질로 밤을 새우시는 어머니,

세상 모든 죄를 용서한 오두막 불빛 같은 구슬픈 뱃고동소리 우지마라
달의 침몰은 다시 차오를 것이므로

멸치후리

일군의 대가족제도로 가대족보가 편찬되었다
일체평등 전체주의를 신봉하는
즈이 부족끼리 모여 살았다
잔챙이일수록 뭉쳐야 살아남았으니까

녹슬지 않는 청동바다 파상풍을 앓아도
출렁이는 건 한겨울에도 얼지 않는 법
편린의 은비늘로 기둥을 세웠을 것인즉
그렇고 그런 것들끼리 더불어 사는
저 목숨의 벌판에다 신생의 독립국을 건설하고
영생불망 신도비를 세웠다

하찮은 잔챙이라도 무리지면 순간 태산이 되는
이 별안간의 반전에 고래도 놀라자빠졌을
시퍼런 불을 안고 슬프고 아플수록 더욱
그랬을 토벌의 대상들
가늘지만 날카로운 뼈대는 가문의 지존이라
마구잡이 뒷발에 채였어도 뼈대만은 셌다

>

치명의 몰락 중에도 번쩍이는 언중유골은
제 몸에 곰삭은 젖국에 뼈대만은 선명했으니
조선천지 삼천리강역에 명성을 떨치고자
밥상 위의 참맛을 위해 헌신하는
아름답고 슬픈 저 부족들

투망投網

툭툭 불거진 장딴지 힘줄로 그물을 당기는 건
바다를 건져 올리는 일

천둥번개 지진 해일은 자연스러운 일,
햇살과 바람과 비가 대지를 풍요롭게 하듯
바다는 젖은 날갯죽지로 생의 밑불을 질렀다
만조로 차올랐다 썰물로 빠져나간
거대한 허파로 숨 쉬며
몸부림치는 게 바다뿐이겠느냐
바다도 그 망網 속에 갇혀 있었으니

투망실로 반선을 꿈꾸며 밤을 새우는
집어등 불빛은 어촌계 경매장 금을 쳐 넘기고
선창 대폿집 선술로 선걸음치는 어부거나
어한기 그물만 깁던 아낙이거나
물편일로 폐선처럼 늙어버린 뱃사람
바닷사람 생이란 그물 속이였으니
어군 탐지기 발동선 호시절 다 갔다면서

그럼에도 그물만 기웠다

여닫는 괄호거나 그물의 안쪽에서
섬에서 섬으로 건너가는 연육교,
섬에서 섬을 실어 나르는 도항선,
건너오면 당연 건너가지만 돌아서면
건너온 섬이 그리워지는 관계망 그물 속에서
포획하고 포획당하는
괄호 닫고 괄호 열기

기장 대변항大邊港에서

집 앞에는 바다 집 뒤에는 논밭이라
쟁기질과 물질로 살아온 반농반어
대지의 영혼에 발맞추기 위해 최선을 다한
파도의 끝은 사시사철 피고 지는
하얀 꽃

육필로 쓴 일획의 어골문 필선을 따라
비색비백을 치는 흰 말울음소리
물속에 뜬 맑고 냉정한 달도 조갈이 들면
여기 큰물大邊가로 왔다

바다의 종교와 대지의 경전인 지침밀서를 펼쳐놓고
바람은 목숨의 단서를 강론하였다
산과 숲과 들과 바다를 대변하면서
생의 풀무질로 활활 활개 치면서
청동거울을 닦는 저것은 파돈가 바람인가

바다는 사철 푸른 베틀을 생의 기반 삼았고

태초 원음으로 북 바디를 치는
씨줄과 날줄로 마들가리 하나 없는 비단 한 필疋
천의무봉 옷을 짓거나
누림과 절제가 수용과 타협이 아름다운
피안의 안방에서 이불호청 꿰매거나
하얀 레이스를 달거나

슬도瑟島

심보다 큰 기문고 한 채 내려놓았다

바다를 깔고 누운 거문고는 바람만 불어도
저절로 슬기둥, 슬기둥 운다는
금관악사 우륵이 아니면, 백결

바람이 거문고 술대를 잡고
녹이 슨 청동의 현弦을 켜는 조금사리
고 저 장 단, 삼천대천 대악大樂을 울리는데
팔다리 네 활개 펴고 누운 등허리 아래
은하수 물소리 같은 새끼고래가 울고
대천한바다 물실이 늑골을 들이치는데
밀물 썰물로 씻은 달빛은 달빛대로
파도는 파도대로

한 치 앞이 안 보이는 밤안개 속에서
떴다지는 해 뒤에 눈이 시린 화엄의 바다
골 깊은 주름살 손부채로 펼쳐들고 꽃답다하니

추자도

바람이 가지를 흔드는 건 뿌리를 튼튼히 하자는 것
무논바닥 무릿매 모춤같이 던져놓은 섬들
빙 둘러 앉아 바람이 불면 곧 날아갈 물새들
여기서 중심을 잡자면 얼마나 흔들렸을까

예초리 들머리 이마를 들이받을 처마바위 아래서 지게 목발 장단에 여덟팔자개다리춤 추건 말건 한손은 코를 잡고 한손은 아래 거시기 잡고 엎드려 절하며 오라는데, 말하자면 이 마을 신고식 저변에 깔린 알뜰한 배려라 치고 이를 지켜선 건 가랑이 넓은 장승, 사방 널린 게 섬이라 섬으로 공기놀이도 하고 훌쩍훌쩍 횡간을 건너뛰다 뱁새가랑이가 어찌됐건 그렇게 믿으면 그런 것 각색도 가능한 일, 가랑이가 아무리 길어도 그렇지 섬끼리 혼사는 청상이 두려워 사돈을 안 맺는다는데

사촌보다 가까운 너나들이 삼촌을 두고
물소리 고운 바다를 두고 내남없이 사는

추자도 사람들, 물이 저리 맑아서야
무슨 고기가 살까만 만선인 조깃배
바리바리 황금을 싣고 어촌계 들어섰다

섬 1

한 생각에 뿌리 깊게 내린 부동의 꽃
줄 없는 거문고 한 채
사시사철 지지 않는 청록색 꽃밭에다
기러기는 제 발을 잘라 내려놓았다

일경일화 한 줄기 쑤욱 뽑아 올린 꽃대로
득음을 얻으려나

끝끝내 오르지 못한 정상은 어딘가
푸르게 녹이 슬어 등창을 앓으면서
온갖 고초 절치부심 와신상담에도
강건한 근육질로 차고 넘친 이 풍진 세상,
그래도 저만큼만 되어보라는 대갈일성
참 정의로우시다

날개를 가졌으나 늘 그 자리인 노역에도
들물 날물을 따라 다시 꽃필 때까지

해풍에 절인 오만가지 소리와 빛깔에도
완성 없는 무한 반복 조수간만 물때를 따라
비바람 눈보라 속에서도 꺼지지 않는
등불이 되었다
이제는 하얗게 뼈만 남은
등대 같은 사람아

섬 2

누상누대에 올라 대양을 향해
한 생각에 뿌리 깊게 내린 부동의 꽃
노래하지 않아도 백우선 펼쳐든 손부채질로
꽃밭에 선 남사당
새남 불고 꽹과리 징 장구 북을 친 길놀이
대천한바다 물길을 열고 나섰다
하루해 동안 명검을 얻으려
두드려 연마한 칼은 아무리 갈고 닦아도
부러지는 칼, 일도일혼一刀一魂,
최고의 정신으로도 끝내 오르지 못한 정상
몸이 악기인 바다는 선율로 짠
비단이불을 폈다
섬과 섬을 연결한 연육교와 도항선이
섬 하나씩을 지웠고
물 밖을 나온 낙지는 낙심하였다

제4부

포구사설 1

한 가지 병에 열 가지 약방문으로
부서지고 무너져도 다시 일어날 힘을 기르고
푸른 감옥에서 기개 높은 지존의 결기로
은동거리 장죽의 헛기침소리는
삼동 언 하늘이 쩡쩡 울리던 것인데
끝내 그 선을 넘지 못하고
쓰면 쓸수록 빛난다는 용불용설,
바다에서 바다를 몰랐다
아득한 수평선은 하루해가 단두대 턱을 걸었고
몸의 계단을 밟고 내려가면
격랑과 적요가 한 몸인 곳
바다는 백학도 그린 학이 날개 터는 소리로
손이 아닌 눈으로 그리는
야명주 같은 눈을 뜨고도 차마 가 닿지 못한
그 너머 가슴으로 세상을 섬기는
그대가 있는 줄 몰랐다

포구사설 2

바다가 깊단들 해저암반이 땅이란 걸
바닥에 닿아 본 사람은 알겠지만
시련이 인간을 단련시키듯 맵고 찬 물너울은
치대고 치대 찰지고도 질겼다
물속 달을 건지려면 밤배를 타야겠지만
달의 뒤꿈치에도 비릿한 갯냄새가 났다
세상이 잠든 시간에도 조금 사리 물때가
시간이 되는 사람의 몸속에서
더운 피를 실어 나르느라
쿵쿵 뜀박질하는 소리가 났다
생명이 있는 한 온전한 쉼은 없었으니
먼데서부터 오는 파도는
무너지기 위해 온 것인지
일어서기 위해 온 것인지
바다를 물새가 들었다 놨다하는데
빛과 어둠을 금 긋는 실금 사이로
아침해가 올랐다

포구사설 3

만수위 벅찬 숨 내쉬는 하얀 치열로
파안대소하는데 밀고 당기는 천연원색 원음의 바다
수평선에서 하늘과 바다가 서로 경계를 허물었다
어떤 의문이나 어떤 함의도 없이 저무는 곳
이족보행 흔적은 어디에도 없었다

위에서 아래를 보면 절벽 아닌 곳도 없어
후미진 골목 안까지 수북수북 쌓이는
만면한 동해일출 황금의 햇살
휘몰이 굿판 동편제 진진몰이 사설조로
잔정 많은 바람은 하얀 꽃을 피웠다

대나무 없는 죽도는 용왕 거릿대장군이 없어도
저 혼자서도 잘 놀았다
제 몸무게만으로 녹초가 된 무겁고 질긴 바다
천지낙상에도 푸른 철퇴를 휘둘렀으나
사시사철 팔팔한 생을 살았다

>

바다가 아무리 깊은들 사람의 속만큼 할까
설마 생의 가풀막을 단숨에 올랐을까
오르락 내리락 이 구비가 마지막이거니
바닥을 쳐도 다시 일어서는 아수라 난바다에서
고난과 역경을 함께한 무음의 달
지구가 왜 짠맛인지
꼼꼼한 곰장어는 곰곰이 생각하는 것이다

포구사설 4

몸속을 흐르는 이 기묘한 신명은 바다의 몫
무한지속 회전에도 날마다 새롭게 태어나는
해와 달,
죽은 나사로의 검은 그림자가 일어나
바다로 들어간 뒤부터 생을 푸르게 부채질하는
영생의 바다가 되었다는
지구자전이 만물에 작용한다는
보편적 일상에 대해 설명하지 않아도 좋다
태풍을 일으킨다는 나비의 힘까지도

내장을 채운만큼 게우고 다시 채우는 속
지독한 빈혈에도 달은 흔들리지 않았다
땀내 절은 홑저고리 벗는 것보다 더 가벼이
벗어던지는 파도는 물물이 아니 온 듯
뒤끝이 아름다웠다 항용恒用, 그랬다
하루의 들숨날숨은
神의 숨결이었으니

포구사설 5

허천이 든 낮달은 가벼웠다
해수병 앓는 바다의 흰 각혈을 받아내면서
높새바람 마파람 지나가는 바람이라도
귀여겨 들어볼 일
내벽을 후려치는 싸늘한 새벽공기
아침은 늘 그렇게 시작했다
노숙의 야영 녹슨 투구 녹슨 철갑
허물 벗듯이 첩첩이 껴입은 갑옷을 벗고
샛바람 부는 갯가 밀물에 밀리고 썰물에 쓸리면서
급전직하 난간 끝에서만 보인다는
희망이라는 지푸라기
바닥을 치거나 산산조각이 나거나
그럼에도 생각만은 날래고 용맹한 검독수리
솔개처럼 훌훌 털고 날아올라
구름 위에 한가롭기를

포구사설 6

보세는 한 달 서너 번씩 번차례로 왔다갔다
조수간만 차가 큰 보름과 그믐 전후
물때를 기다리는 나룻배 한 척,
물때는 반드시 올 것이므로
큰 파도가 되기 위해 하나 둘 셋, 삼세번 씩
심호흡 들이쉴 땐 해일이 온다는 거
물도 불같은 화를 낸다는 거
기적은 평화로운 일상에서 일어난다는 거
걸어선 닿을 수 없다는 거

물새는 바다삼면의 파도를 구별할 줄 아는
귀한 귀를 가셨나
과연 감성돔은 감성적일까
바다를 하늘처럼 섬기고 사는 사람들
조망어선 집어등 불빛은 멀리로 봐야 꽃이듯
잠든 시간에도 포구는 경책을 펼쳐놓고
먹을 갈고 붓대를 잡았다 붓대 끝에는
흰 비백이 섰다

읍파정揖波亭이 사라졌다

발 품팔이나 하면서 떠돌았을 바람도
허리 굽혀 禮를 올렸다는 읍파정 아래
순은의 달빛을 밟으면 뽀드득,
눈 밟는 소리가 났다

이물에 쓸려간 은비늘 발에 가시가 드는
바다의 각질이 아닌 연꽃이었으니
오체투지 기어서라도 닿고 싶은 그러나
끝내 닿지 못할 천축을 향해
읍揖하여 청원한 소원은 이루지 못했을지언정
해원상생, 파도는 평상심을 잃지 않았다

매순간 수행정진인 득도는 그만 두고
살아생전 내내 엎드려 바다만 읽고 살았다는
가물가물한 어디쯤에서 신선은
목덜미 푸른 갈매기 칠언절구 십이 가사
죽지사竹枝詞로 수평선에 턱 괴었을 법한
언덕을 향해 일방적 거수례 올려붙이는
솔바람 파도소리

모정돌담길

강릉 바우길 학이시습지 길*엔 못 들어도
노추산골짜기 물길을 따라 촘촘히 쌓은
천개의 돌탑들

1986부터 26년 간 여자 혼자서 쌓았다는
서울처녀가 강릉으로 시집을 와서
자식 둘을 앞세운 어미가 슬픔을 잊기보다
피가 나도록 맞서 싸우기로 한 결과물이다

모진 운명과 싸워서 이기려고
주먹돌부터 들돌까지 맨손으로 쌓았다는
천불 천개의 탑
사람들은 구경삼아 웃고 들어갔다가
가슴속 뜨거운 울음을 안고 나오는
모정母情의 돌탑 길
2011년 8월 29일 생을 마치지 않았다면
아직도 끝나지 않았을 돌탑 길

세월이 약이라고
세월이 지겹다고…

동물원에서 새끼 잃은 어미원숭이가 곡기를 끊고
시름시름 앓다 죽었다 애간장이 타서 녹았는지
수의사 손바닥엔 쪼글쪼글 말라비틀어진
간肝이 대추알 같았다는데

2014년 4월 16일
그 엄청난 슬픔과 아픔을 문장으론 막막하여
세월호 시 한편 못 썼는데
살구꽃 복사꽃 진달래가 지천으로 핀
봄날 아침나절 생목숨 순장을 눈으로 지켜본
비겁함으로 지울 수 없는 죄가 되었다

푸르디푸른 커다란 산 하나가
심해 속으로 내려앉는데 숨이 넘어가는데
부처도 울고 예수도 울었다는데

神은 피곤하거나 너무 늙었거나
끝내 강림하지 않았다

바다도 저무는 태양을 잡고
차마 손을 놓지 못했다
순결한 생 목숨들
청천하늘 별이 되고 노랑나비가 되었으나
심장 한가운데서 아직도 회오리치는
그날이 있다

*학이시습지 길: 강릉 바우길 16구간, 『논어』의 첫 문장 '학이시습지 불역열호學而時習之 不亦說乎: 배우고 때로 익히면 즐겁지 아니한가'에서 따옴. 신사임당, 율곡, 김시습, 심언광, 허균, 허난설헌 등의 뜻을 깨우쳐 익힌다는 순례길.

갯浦가 살이 1

흰 말갈기 휘날리며 푸른 해원을 달리는데
박차를 지르며 매운 죽비를 내려치는데
휘몰이 자진모리 굿거리
어떤 결말에도 살아온 나이테가 있다

바람 거칠고 물살이 센 곳일수록 치열한 생
물 한 모금 없는 바다는 출렁이는 소금사막
물살에 긁힌 멍 자국도 푸른데
가슴으로 바다를 섬기는 적막산중
산도라지 꽃처럼 홀로 피었다 홀로 진다는 걸
별이 어둠 속에서 빛나듯 별들의 부화를 위해
별을 품고 어둠을 섬기는 걸

시작과 끝이 없는 전체이면서 홀로인
바다는 말문을 닫고 몸부림치는데
발 없는 풍문은 피었다 지는 꽃
꺾어도 꺾이지 않는 마디마디가 꽃이라
온몸으로 말하는 걸 차마 알지 못했으니

미안하다 거기까지 가 닿기엔

내 생각이 짧았어

갯浦가 살이 2

발 디딜 내 땅 한 뙈기 가진 것 없어도
받아주는 건 만경창파 바다였으니
조수간만 차가 큰 대조기
잡을 때도 있고 못 잡을 때도 있고
그래도 자고나면 뱃길로 나서는데
평면의 둥근 바다라도 물밑은 산악지대
갯일에는 안개가 적
조석으로 변하는 바다가 삶이자 종교인
바다를 읽고, 촉觸을 켜는 겨울포구
바다의 입구는 보이지 않았다
지구회전문을 몸으로 밀고 나가는 수부
바람과 햇살 흙의 힘으로 발동기 시동을 걸지만
이내 탈탈 털리는 그런 날에도
양망기로 바다를 끌어당기는데
짠맛에도 뒤끝은 달았으니
멜 젓국같이 진국인 포구사람들
포구나무 아래 평상을 놓고
평상심으로 살았다

갯浦가 살이 3

세상 높은 사람보다 높은 파도가 무섭지만
오늘도 비밀번호 없는 바닷속 금고 털러간다
백동걸이 쇳대를 풀고 직구로 떠오른 해
출렁이는 하늘을 헤엄치는 섬 얼굴이 달아올랐다
하루 두 번씩 씻고 닦은 물때와
파도가 섬을 키우는데
빈 유모차로 마을경로당 화투장 패 돌리다
바다에 가면 청년이 되는 노익장
여가 드러나는 곳이나 물살이 센 물골까지
감은 눈에도 환하였다

정초부터 너울너울한 미역밭에서
귀 쫑긋 세운 청각 소라 홍합 군소 전복 성게 멍게
모자반 우무가사리 톳 서실 해조류들
목숨 하는 것들 모두는
숨결이 있고 생각이 있고 나름 계획이 있다는 걸
그리 믿고 그리 생각하는 것인데

>

달 밝은 밤 해안으로 나와 알을 까는
까치복 참복 새끼 치고 헤엄치는 어류들까지
앉은 자리에서 줄줄이 꾀고 남았다

신자유주의로 부는 바람
나무도 풀도 햇살바람을 따랐으나 유독
바람을 타지 않는 갯바위처럼 당당한
갯가사리 오십 년에도
물 찬 제비 같이 날 센 여자
물때가 좋은 날은 햇살도 좋아
물질에서 행장을 풀고 자리에 들면
베갯속까지 들이친 물결을 베고
꽃잠 드는

갯浦가 살이 4

투망질로는 건질 수 없는 햇살과
검정 옻칠 반닫이백동장식 같은 달빛이라서
캄캄한 암흑 속 광해파리 같은 생각으로
물 위를 걸어온 발의 기억으로 허옇게
뼈가 드러나도록 숫돌에 갈아 벼린 날 끝에서
비명을 지르는 외마디 격문이나
누천년 봉두난발 피고 진 풍문이나
골절에 찰과상까지 입은 바다를
등짐을 져다 부리는 사람들의 말은 늘
한발 앞서 갔다 견마지 앞잡이로
시간을 앞질러 간 사람은 돌아오지 않았다

바람구름 햇살 더불어 사람으로 태어나기
참, 잘했다고 행운이라고 그런 날에도
하루해는 너무 길었고
일 년 삼백육십 일은 너무나 빨랐다

가난한 者보다 더 가난한 者는 초분을 다투는

심장을 가졌고 검증검색을 끝낸 눈동자는
들숨날숨을 쉬는 바다위에 빛나는데
구름 한 점 없이 맑고 파란 하늘
목화밭 흰 솜꽃이 차올랐다

달집 1

경상남도 동래군이다가 양산군이 되기도 했던
기장군 정관면 월평月坪리 223번지
소리 내 부르면 백리근동이 지척인
수만리 밖에서 두둥실 보름달이 떠올라
골매기 징소리로 징징거렸다

靑대숲에서 들려온 강골의 아버지
육간대청기둥을 세운 정신일도 하사불성,
어머니 은비녀로 대들보 연목서까래를 질러
밤새 졸인 달빛갱엿을 이겨 바람벽을 치고
창호지 댓잎을 발랐다 쩌렁쩌렁한
달의 목소리로 삼동네
삼이웃 온 집안이 환해졌다

풀벌레 소리는 숫돌에 청록의 날을 갈아세우고
연살심줄로 쭉쭉 뻗친 새벽닭소리
상감청자 푸른 하늘에 청화백자 비색구름
흰 빨래 널어 말리던 그 집

>

바람은 조리질로 햇살을 일어 끼니를 짓고
채전 밭 한 떼기를 쓱쓱 비빈 놋 양푼
두레상에 올려놓고 온 식구가 맛있게 먹던
그날의 달을 머리에 이고 다녔다
지금껏

달집 2

구름추종자는 양떼를 몰아 구름처럼 흩어졌다
한 시대가 끝난 뒤풀이 자리에 달이 올랐다
은지환 옥가락지를 낀 만삭의 달이
두둥실 높이 곰 올랐다
최고 상위개념의 이 오랜 시력을
눈 저울에 달면 나비보다 달이 가벼웠다
깨지기 쉬운 물건이라
손닿지 않는 허공중천에 올려놓고
달그림자는 주인 잃은 태왁처럼 바다 위를
떠돌았다

달집 3

개오동나무에라도 걸려 있어야 할 달은 도시의 이물異物, 가쁜 숨 몰아쉬는 만삭의 몸이 문간방 달세 사글세로 살던 목숨을 들고 옥탑방 반지하 달셋방 달세로 전전하다 달에 명줄을 걸고 살아낸 땅 七할이 바다거나 사람의 몸 七할이 물이거나 나머지 三할이 흙이란 생각에

달구질로 터를 다졌다

맷돌로 주춧돌을 놓고

계수나무 기둥을 세웠다 틀을 짜 맞춘 아귀에 대들보를 얹고 만사형통 시냇물 소리로 서까래를 질렀다 기둥과 중방 사이 靑대살 늑골을 엮어 채웠다 황토에 썬 여물볏짚 버무려 초벌미장을 하고 햇살바람을 비벼 분통 같은 회백을 발랐다

격자문 귀뚜라미가 씨줄을 걸고 바람이 날줄을 걸어

창호지 달빛을 발랐다

달 속에 집을 지었다

달의 은밀한 섭리로 달의 공전주기에 맞춰 달거리 몸

꽃을 피우면서 일체평등 평균치로 수평을 잡고 선반에 턱을 건 초승달 건지러 간 밤배를 기다리며 달만 쳐다보고 살아도 사나흘 굶고 살아도

살면 살아지는 生

바다, 그 첫 페이지

자리를 넓게 잡은 뿌리 깊은 나무가
수천보다 좋은 수만이 하나로 숲을 이루고
태양을 향해 물물이 일어서는
나무들같이 새롭게 빛나는
원단의 아침

흙의 경전인 지구촌 반만년
창세기 해동조선천지 뿌리 내리고
더불어 사는 평화공화국에서
내가 너를 빛나게 할 어둠이 되면
넌 내 안의 어둠을 밝힐 태양이 되어줄래

봉기하라, 외치다 이내 무너지는
일말의 끝에서 수 없이 다시 시작하는
어제보다 오늘을 살고 내일을 준비하는
상생과 공존의 배려와 응원과 격려로
소망을 풀무질한 쇳물 같이
공평한 햇살 아래서

만선滿船의 출렁이는 벅찬 가슴을 열고
옛것과 새것이 조화롭게 빛나는
상전벽해 괄목대상 숨가쁜 속도에도
노래보다 더 듣기 좋은
골목골목 뛰노는 아이들 웃음소리
가슴의 귀로 들어보라

새처럼 높이 보다 멀리 날아서
비산비야 대지의 영혼에 발을 맞추는
걸음걸음마다 힘 불끈
다시 솟구쳐 오르는
새날 새 아침

바닷새가 된 해녀시인을 위하여
— 故 박말애 영전에

하루 종일 오르락내리락 물질에도
물속에서만은 즐겁다고
어느 때는 바다가 무섭다고 그럼에도
물질하기 좋은 날은 가슴이 설렌다고
그리 말하던 사람아

무궁무진 보물이 저 물 속에 있다고
물때와 조류 물속을 안다고
다 아는 건 아니라고
몸이 아는 경험과 이력이라고
바다를 살다가 바다가 된 사람아

바다는 보고 듣는 게 아닌 갈피갈피 넘기는
책갈피도 아닌 아로새긴 은파의 문장도
푸른 비문도 시도 아닌
몸의 경전이라고 그리 말하던 사람아
어쩔 수 없이 가슴 아픈 사람아

>

참을 수 없는 그러나 참을 수밖에 없는
1분 30초, 극과 극, 한 숨 두 숨 숨비기소리가
그 지독한 몸서리란 걸 몰랐으니
생과 사, 경계를 넘나든 물속에서
저승 것 가져다 이승을 살린다는
당찬 자부심으로 언제나 늘
맑고 환한 백설기 설탕같이 웃던
그 웃음소리가 바다를 이겨낸 저력이란 걸
차마 알지 못했으니

눈물이 짜다는 건 말하지 않고
바다에 젖은 손이 짜다고 바다를 대변한
검정 슈트 검은 물고긴 줄 알았더니
구천 하늘 새가 된 안타깝고 소중한 사람아
그립고 아름다운 전설이 된 사람아
가슴에 새를 품고 살다 새가 되어
우리는 갈 수 있으나 그대는 올 수 없는
머나먼 그 나라, 무한 천공이 영원인가

바다를 내려놓고 하늘로 가는

해녀시인 그대 안녕, 안녕히 잘 가시라

2019년 4월 11일

에필로그

포구사람들은 파도와 바람을 읽고 달의 숨결로 물때를 읽었다. 바다가 종교인 사람들, 그러면서 자식들만은 맹목적으로 도시의 마천루 그늘로 떠밀어 넣기를 원한다는 것. 그러니까 삶의 터전인 바다가 아무리 무한 생산자원이라도 실상은 전혀 전수하고 싶지 않은 것이다. 농사꾼 아버지가 평생 골병든 지게를 벗어 아들에게 주기보다 아궁이 군불에 넣고 싶었을, 그럼에도 그 짐을 지고 갈 수밖에 없는 것처럼.

어민들의 생활터전이었던 포구는 항만시설로 인해 점점 사라져 가고 해녀들도 고령화와 산업화로 해마다 그 숫자가 줄어들고 있다. 재작년, 평소 각별했던 해녀 시인이 세상을 떠났다. 이른 아침 울산해양경찰서에서 걸려온 전화를 받고 나는 큰 충격에 빠졌다. 늦은 밤 마지막 통화를 한 사람이 나였기 때문인데, 불과 일고여덟 시간 전까지 물새처럼 끼룩거렸던 사람의 갑작스런 변고는 슬픔보다 놀라움이 더 컸다.

우리가 모르는 물속 비밀을 누설처럼 알려주던 소중

한 사람, 그가 살아있다면 좋은 시를 많이 썼을 텐데 너무나 안타까웠다.

목숨을 담보로 한 극한직업의 해녀들. 백 년 전에 있었듯 백 년이 지나간 뒤에도 이 땅에 해녀가 있을까. 여성이 아름다운 건 고통을 가졌기 때문이라는 말은 선뜻 동의할 수 없다. 얼마나 무겁고 무서운 말인지 그 여인들 앞에서는 말장난이다.

산복도로에서 내려다보면 초고층건물이 턱 아래로 보이고 검푸른 바다가 한눈에 들어오는 항구도시, 컨테이너가 산처럼 쌓인 부두 하적장도 과거엔 포구였다. 날로 변모하는 항구도시에서도 변방의 어디에서는 변하지 않는 사람들이 있다.

뜨겁게 달아오른 가쁜 숨을 몰아쉬며 산에 붙어 정상을 향해 오르는 사람이 환호작약 꽃피거나, 속울음을 참고 물밑 십 리를 갔다 온 사람이 내쉬는 숨결의 온도는 어떤 차이가 있을까.

바다 위로 아침 햇살이 대종을 울리듯 울려 퍼지고 저녁이면 황금휘장 속으로 몸을 감싸는 해안길(해파랑길, 남파랑길)에서 아직도 그물을 깁고 물질을 하는 그분들에게 존경과 위로와 찬사의 박수를 보내며.

2021년 11월

꽃보다 단풍이 찬란한 은행나무 아래서

바다 악사

1판 1쇄 펴낸날 2021년 12월 20일

지은이 박정애
펴낸이 서정원
펴낸곳 도서출판 전망
주소 48931 부산광역시 중구 해관로 55(201호)
전화 051) 466-2006
팩스 051) 441-4445
이메일 w441@chol.com
출판등록 제1992-000005호

ISBN 978-89-7973-571-0
값 13,000원

부산광역시 BUSAN METROPOLITAN CITY 부산문화재단
이 시집은 2021년 부산광역시, 부산문화재단 <부산문화예술지원사업>으로 지원을 받았습니다.